# PROJET DE CONVENTION

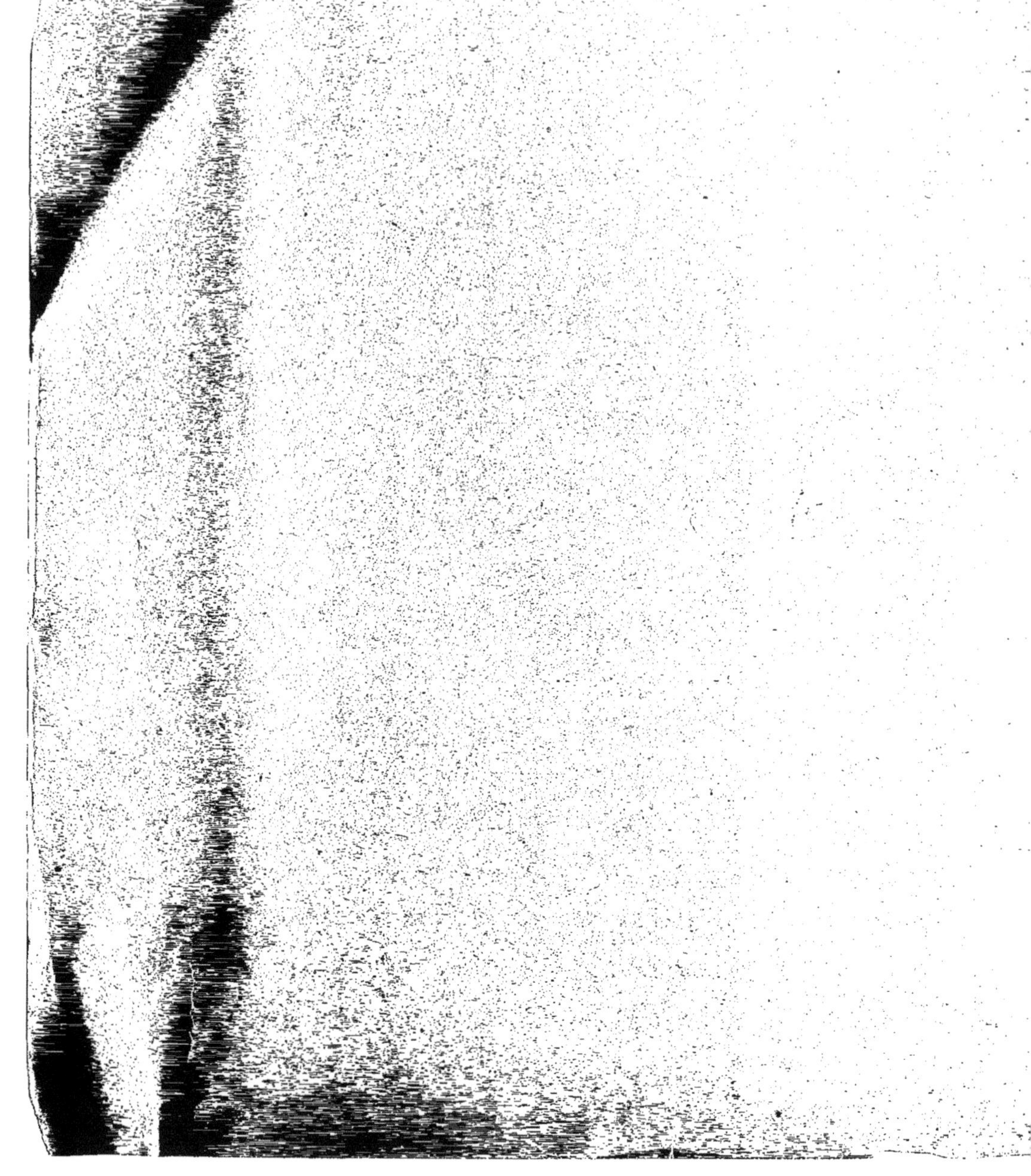

# PROJET DE CONVENTION

# PROJET DE CONVENTION



L'an mil neuf cent quatorze et le

Entre les soussignés :

Le Général LYAUTEY, Commissaire Résident général de la République française, dans la zone d'influence française du Maroc, agissant au nom de S. M. le Sultan du Maroc en vertu d'un décret chérifien en date du , sous réserve de l'approbation des présentes par une loi française,

Le Général MARINA, Commissaire Résident général de S. M. le Roi d'Espagne dans la zone d'influence espagnole du Maroc, agissant au nom du Khalifa de S. M. le Sultan du Maroc en vertu d'un décret de ce Khalifa en date du , sous réserve de l'approbation des présentes par une loi espagnole,

Et X....., Grand Vizir de S. M. le Sultan du Maroc, agissant au nom de ce dernier en vertu du dernier paragraphe de l'article 2 du Protocole franco-espagnol du 27 Novembre 1912 concernant le chemin de fer Tanger-Fez et d'un décret chérifien en date du , sous réserve de l'approbation des présentes par une loi française et par une loi espagnole,

D'une part ;

Et : 1° la Société anonyme établie à Paris sous la dénomination de « Compagnie générale du Maroc », représentée par M. Griolet, Président de son Conseil d'administration, élisant domicile au siège de ladite Société, avenue de l'Opéra, n° 41, à Paris, agissant en vertu des pouvoirs qui lui ont été conférés par délibération dudit Conseil d'administration en date du et sous réserve de l'approbation des présentes par l'Assemblée générale des actionnaires dans le délai de trois mois, au plus tard, après l'approbation des présentes par une loi française et une loi espagnole,

2° La Société anonyme établie à Madrid sous la dénomination de « Compagnie générale espagnole du Maroc », représentée par M. X..., de son Conseil d'administration, élisant domicile au siège de ladite Société, à Madrid, et agissant en vertu des pouvoirs qui lui ont été conférés par délibération dudit Conseil d'administration en date du et sous réserve de l'approbation des présentes par l'Assemblée générale des actionnaires dans le délai de trois mois, au plus tard, après l'approbation des présentes par une loi espagnole et une loi française,

Les deux susdites Sociétés désignées par leurs Gouvernements respectifs par application de l'article 4, paragraphe 3, du Protocole franco-espagnol du 27 Novembre 1912 concernant le chemin de fer de Tanger-Fez,

D'autre part;

Il a été dit et convenu ce qui suit :

### Article premier.

Les susdits Gouvernements concèdent aux susdites Sociétés, qui acceptent conjointement et solidairement, un chemin de fer partant de Tanger, traversant la zone d'influence espagnole, dont il recoupera la frontière Nord aux environs de Dxar Xuanta et la frontière Sud au voisinage de l'Oued Berd, puis pénétrera dans la zone d'influence française pour aboutir à Fez.

Ladite concession est accordée aux conditions stipulées dans la présente Convention et dans le Cahier des charges y annexé qui en fait partie intégrante.

Les Sociétés concessionnaires sont chargées, à la fois, des études définitives, de la construction et de l'exploitation de la ligne.

En outre, les susdits Gouvernements concèdent aux susdites Sociétés, qui acceptent conjointement et solidairement, les voies de quai destinées à desservir le port de Tanger. Ces voies de quai seront exploitées à l'aide soit de locomotives, soit de chevaux, au gré desdites Sociétés, pour le transport des marchandises par wagon complet en provenance ou à destination de la ligne de Tanger à Fez, après ou avant leur transport par le chemin de fer.

Les conditions de cette dernière concession, notamment le tracé des voies de quai, seront déterminées ultérieurement par les susdits Gouvernements conjointement, les susdites Sociétés entendues.

### Art. 2.

Les Sociétés concessionnaires s'engagent à constituer, sous le régime de la loi française, dans le délai de trois mois à compter de l'approbation de la présente Convention par les Pouvoirs publics de France et d'Espagne, une Société anonyme au capital de quinze millions de francs (15.000.000 fr.), dénommée : « Compagnie franco-« espagnole du chemin de fer de Tanger à Fez », qui leur sera substituée dans tous les droits et obligations résultant de la présente Convention. Cette Compagnie aura son siège social à Meknès.

Les quatre cinquièmes au moins de ce capital-actions seront employés en travaux de Premier établissement de la ligne de Tanger à Fez. Le surplus en pourra être réservé soit pour gager les emprunts temporaires que ladite Compagnie serait amenée à contracter, au cours de sa gestion, pour parer aux insuffisances d'exploitation ou pour toute autre cause, soit pour être affecté à l'exécution des Travaux complémentaires dont il sera parlé à l'article 12 ci-après.

Art. 3.

La susdite Compagnie ne pourra être concessionnaire d'aucune autre ligne, soit complètement indépendante de la précédente, soit se reliant à celle-ci, autre que le réseau des voies de quai du port de Tanger visées à l'article 1er ci-dessus.

Par contre, elle ne pourra se refuser à laisser pénétrer dans ses gares les lignes dont l'établissement viendrait à être décidé par l'un ou l'autre des deux Gouvernements, ni à assurer dans lesdites gares le service commun, que ces lignes soient construites et exploitées directement par les deux Gouvernements ou concédées par eux à d'autres Compagnies. Il est entendu, toutefois, qu'en pareil cas, lesdits Gouvernements ou Compagnies supporteront intégralement les dépenses des installations nouvelles ainsi rendues nécessaires de leur fait et les frais supplémentaires d'exploitation auxquels donnera lieu l'admission de la ligne nouvelle dans la gare du chemin de fer de Tanger à Fez, et paieront, en outre, à la Compagnie concessionnaire de ce dernier chemin de fer, une redevance proportionnée à l'utilité que tirera des installations préexistantes de ladite gare l'exploitant de la ligne nouvelle.

La Compagnie du chemin de fer de Tanger à Fez aura

les mêmes obligations en ce qui concerne les embranchements particuliers autorisés par la France ou par l'Espagne au profit soit de leurs nationaux, soit de nationaux étrangers, en conformité de l'article 7 du Traité franco-allemand du 4 Novembre 1911.

Il est entendu, toutefois, qu'en pareil cas, les particuliers intéressés n'auront à supporter que les dépenses des installations nouvelles ainsi rendues nécessaires de leur fait et les frais supplémentaires d'exploitation auxquels leurs embranchements donneront lieu.

ART. 4.

Lors de la formation du capital, tant actions qu'obligations, de la susdite Compagnie, il sera réservé un droit de souscription de soixante pour cent (60 °/₀) à la Société française et de quarante pour cent (40 °/₀) à la Société espagnole visées dans l'article 1er ci-dessus.

Si la Société de l'un des deux pays ne croyait pas devoir réaliser tout entière la part de capital à lui réservée, la Société de l'autre pays se substituerait à elle, de plein droit, pour la parfaire.

Toutefois, les Gouvernements français et espagnol se réservent la faculté de faire, d'un commun accord, s'il y avait lieu, une part aux capitaux de nationalité étrangère, étant d'ores et déjà spécifié que cette part ne pourra, en aucun cas, excéder huit pour cent (8 °/₀) et qu'elle sera prélevée par moitié sur chacune de celles de 60 °/₀ et de 40 °/₀ ci-dessus mentionnées.

ART. 5.

Le Conseil d'administration de la Compagnie concessionnaire sera composé de quinze membres, dont neuf Français et six Espagnols.

Ces membres seront nommés comme il est dit à l'article 67 du Cahier des Charges.

A ces quinze membres devra, si les Gouvernements français et espagnol le requièrent d'un commun accord après la constitution de la Compagnie, en être adjoint un seizième, d'une tierce nationalité, lequel sera nommé, sur la désignation desdits Gouvernements, par l'Assemblée générale des actionnaires.

Les décisions du Conseil d'administration ne pourront être prises qu'à une majorité représentant au moins les deux tiers des votes exprimés en ce qui concerne les questions intéressant exclusivement soit la section française, soit la section espagnole; elles le seront à la majorité simple pour toutes les autres questions.

La Compagnie aura un Directeur général français et un Directeur-adjoint espagnol, ce dernier étant, pour l'ensemble du service, le collaborateur immédiat du Directeur général, qu'il remplacera en cas d'absence. Le haut personnel, tant de la construction que de l'exploitation, devra être pour 60 °/₀ français et pour 40 °/₀ espagnol; il en sera de même du personnel de tout ordre de l'administration centrale. La nomination du Directeur général et du haut personnel français sera soumise à l'agrément de la France, celle du Directeur-adjoint et du haut personnel espagnol à l'agrément de l'Espagne.

En dehors du Directeur général, du Directeur-adjoint et du haut personnel visé ci-dessus, les agents employés aux études et à la construction devront être, autant que possible, Français dans la section française et Espagnols dans la section espagnole.

Quant aux agents de l'exploitation, ils devront être exclusivement Français sur la section française, exclusivement Espagnols sur la section espagnole, pour moitié Français et pour moitié Espagnols sur la section tangéroise. Toutefois, sur cette dernière section, et notamment aux gares maritime et terrestre de Tanger, un certain nombre d'emplois pourront, d'accord entre les deux Gouvernements, être confiés à des agents d'une tierce nationalité, la répartition par moitié entre la France et l'Espagne s'opérant alors sur les emplois restants.

Par la qualification de Français ou d'Espagnol employée ci-dessus dans le présent article, on entend les ressortissants respectifs des deux États : citoyens, sujets, naturalisés ou protégés.

### Art. 6.

Les études de la ligne — préalablement divisée en lots d'une longueur de 20 à 30 kilomètres, lots dont aucun ne devra chevaucher la limite Nord ni la limite Sud de la zone d'influence espagnole — seront entreprises simultanément par l'extrémité Tanger et l'extrémité Fez et poussées avec une activité égale des deux côtés.

Les projets des divers lots seront présentés par la Compagnie au fur et à mesure de leur achèvement.

Les dates de ces présentations successives seront fixées, la Compagnie entendue :

Pour la section française, par l'Autorité zonière française ;

Pour la section espagnole, par l'Autorité zonière espagnole;

Et pour la section tangéroise, par l'Autorité tangéroise qualifiée à cet effet, ou, si l'on se trouve dans le cas prévu au dernier paragraphe de l'article 2 du Protocole susvisé du 27 novembre 1912, d'accord entre les Autorités zonières française et espagnole.

Chaque fois que, pour la présentation du projet d'un lot autre que le dernier, la Compagnie devancera le terme fixé, elle aura droit à une prime de trois cents francs (300 fr.) par jour d'avance; chaque fois qu'elle le dépassera, elle subira — sauf le cas de force majeure, dont il lui incomberait de faire la preuve — une retenue d'égale somme par jour de retard.

Pour le projet du dernier lot, la prime ou la retenue sera de six cents francs (600 fr.).

ART. 7.

Les projets visés à l'article 6 ci-dessus, seront — à l'exception de ceux définis dans le paragraphe final du présent article — approuvés :

Pour la section française, par l'Autorité zonière française;

Pour la section espagnole, par l'Autorité zonière espagnole;

Et pour la section tangéroise, par l'Autorité tangéroise qualifiée à cet effet, ou, si l'on se trouve dans le cas prévu au dernier paragraphe de l'article 2 du Protocole susvisé du 27 Novembre 1912, d'accord entre les Autorités zonières française et espagnole.

Il est entendu, toutefois :

Qu'au préalable, les projets de la section française seront communiqués à l'Autorité zonière espagnole et ceux de la section espagnole à l'Autorité zonière française, chacune de ces deux Autorités tenant tel compte qu'elle jugera convenable des observations présentées par l'autre, et l'absence de réponse, dans un délai de quinze jours à partir de la communication ainsi faite, étant tenue pour une adhésion pure et simple;

Que, quant aux projets de la section tangéroise, ils seront, savoir :

Si l'Autorité tangéroise qualifiée à cet effet est définitivement constituée au moment de leur présentation, communiqués à la fois à l'Autorité zonière française et à l'Autorité zonière espagnole, et ne pourront être approuvés qu'après avis conforme de ces dernières, l'absence de toute protestation dans un délai de quinze jours équivalant d'ailleurs, ici encore, à une acceptation pure et simple;

Et si, au contraire, au moment de leur présentation, l'on se trouve dans le cas prévu au dernier paragraphe de l'article 2 du Protocole susvisé du 27 Novembre 1912, approuvés d'accord entre les Autorités zonières française et espagnole.

Chacune de ces deux Autorités, comme aussi, le cas échéant, l'Autorité tangéroise qualifiée à cet effet, s'engage à statuer dans un délai maximum de deux mois, à compter du jour de sa présentation, sur chaque projet à elle soumis, soit en l'approuvant, soit en y prescrivant les modifications et remaniements qu'elle jugera utiles. Elle fixerait, dans ce dernier cas, la date extrême à laquelle devrait lui être présenté à nouveau le projet modifié et remanié — étant entendu que le devancement ou le dépassement de cette date entraînerait une nouvelle application de la clause relative aux primes et retenues qui figure à l'article 6 ci-dessus — et statuerait au sujet dudit projet dans le délai maximum d'un mois après cette présentation nouvelle.

Chacun des projets susvisés fera, aussitôt définitivement approuvé, l'objet d'une adjudication, pour laquelle devront être observées les règles que stipule l'article 6, paragraphes 1 et 2, du Traité franco-allemand du 4 Novembre 1911.

Le matériel fixe, devant être des mêmes types sur la ligne entière, fera, lui aussi, l'objet de projets distincts pour chaque zone, mais ces projets devront être approuvés par les trois Autorités zonières conjointement, ou si, lors de leur présentation, l'on se trouve dans le cas prévu au dernier paragraphe de l'article 2 du Protocole susvisé du 27 Novembre 1912, par celles des zones française et espagnole conjointement.

Pour chacune des trois sections, les adjudications des travaux et fournitures susvisés seront poursuivies suivant les règles ci-dessus rappelées et seront approuvées par l'Autorité dont aura émané la concession.

Les projets relatifs soit aux gares maritime et terrestre de Tanger, soit à la fabrication du matériel roulant, soit à l'édification et à l'outillage des ateliers de fabrication et de réparation de ce matériel, devront être approuvés par les trois Autorités zonières conjointement, ou si, lors de leur présentation, l'on se trouve dans le cas prévu au dernier paragraphe de l'article 2 du Protocole susvisé du 27 Novembre 1912, par celles des zones française et espagnole conjointement. Les adjudications en seront — dans les formes ci-dessus rappelées — poursuivies et approuvées par lesdites trois ou deux Autorités zonières.

### Art. 8.

Pour chacun des lots visés à l'article 6 ci-dessus, après l'approbation du projet d'exécution, sera fixé, d'accord entre la ou les Autorités zonières qui auront donné cette approbation et la Compagnie, le montant maximum de la dépense, qui, du fait de l'exécution des travaux de ce lot, pourra — sauf exception motivée par des circonstances de force majeure ou par le caractère aléatoire de certaines estimations, telles que : acquisitions de terrains, percements de souterrains, épuisements exceptionnels, consolidation et assainissement des tranchées et remblais, etc. — figurer dans le compte général de Premier établissement dont il sera parlé à l'article 10 ci-après.

### Art. 9.

La Compagnie devra procéder, dans le délai de deux ans après l'achèvement complet des travaux de la ligne, à l'aliénation de toutes les propriétés immobilières par elle acquises qui n'auront pas été affectées au service du chemin de fer.

Le produit des aliénations sera porté, à mesure qu'elles se seront opérées, à un compte spécial qui restera ouvert jusqu'à la clôture du compte général de Premier établissement et dont le montant viendra en déduction de ce dernier compte.

Pour celles de ces propriétés dont l'aliénation n'aurait pas eu lieu avant la clôture, stipulée à l'article 11 ci-après, du compte général de Premier établissement, ce serait leur coût d'acquisition que l'on déduirait dudit compte général.

Quant aux propriétés immobilières qui, ayant été remises à la Compagnie par l'une des Autorités zonières en vue de l'établissement de la ligne, n'auraient pas été affectées au service du chemin de fer, elles devront, aussitôt cette non-affectation décidée, être restituées à ladite Autorité.

ART. 10.

Le compte général de Premier établissement de la ligne de Tanger à Fez comprendra :

Toutes les sommes, y compris les frais du personnel résidant au Maroc, celui affecté au siège social à Meknès excepté, que, sous la condition stipulée à l'article 8 ci-dessus, la Compagnie justifiera avoir dépensées, dans un but d'utilité, jusqu'au 1er Janvier qui suivra l'ouverture de la ligne entière à l'exploitation :

*a*) Pour les études et la construction de la ligne et de ses dépendances;

*b*) Pour l'acquisition du matériel roulant, ainsi que du mobilier et de l'outillage des gares;

*c*) Pour l'édification et l'outillage des ateliers de fabrication et de réparation du matériel roulant;

*d*) Pour l'entretien et l'exploitation des tronçons de la ligne successivement mis en service;

*e*) Pour l'achat des approvisionnements destinés à l'exploitation dans la limite d'un maximum de cinq mille francs (5.000 fr.) par kilomètre;

*f*) Pour le paiement, jusqu'au même 1er Janvier :

1° Des intérêts de la partie du capital-actions employée en travaux de Premier établissement de la ligne, calculés à cinq pour cent (5 %) l'an à partir du versement de ladite partie dudit capital;

2° Des intérêts des obligations émises tant pour faire face, après emploi de ladite partie du capital-actions, aux dépenses incombant, de par le présent article, à la Compagnie, que pour constituer, à la date du 1er Janvier susindiqué, un fonds de roulement de trois millions de francs (3.000.000 fr.), dont le fonctionnement sera défini à l'article 14 ci-après;

3° Des frais de service et de timbre pour les titres des deux catégories.

En tant que dépenses postérieures au 1er Janvier qui aura suivi l'ouverture de la ligne entière à l'exploitation, il comprendra :

*g*) les trois cinquièmes de la dépense d'entretien de la voie et des terrassements pendant une année, à compter du même premier Janvier, pour les tronçons de la ligne qui n'auraient été mis en service que dans le cours de l'année précédente;

*h*) et pendant une période de cinq ans à compter du même 1er Janvier, les dépenses faites dans chaque zone, après approbation de l'Autorité zonière intéressée, pour compléter la construction et la mise en service de la ligne, ainsi que celles faites — après approbation des trois Autorités zonières conjointement, ou si, lors de la présentation des projets, l'on se trouve dans le cas prévu au dernier paragraphe de l'article 2 du Protocole susvisé du 27 Novembre 1912, par celles des zones française et espagnole conjointement — soit pour le développement des effectifs et de la puissance du matériel roulant, soit pour l'extension des ateliers de construction et de réparation de ce matériel et le renforcement de leur outillage.

Y rentreront également :

*i*) en représentation et pour la compensation à forfait des frais généraux, frais d'administration, frais du personnel affecté au siège social à Meknès ou résidant hors du Maroc, qui seront afférents aux dépenses des huit catégories (*a*, *b*, *c*, *d*, *e*, *f*, *g*, *h*) ci-dessus, quinze pour cent (15 °/₀) du montant total desdites dépenses;

*j*) et le montant des primes dues à la Compagnie, en vertu de l'article 6 ci-dessus, pour avance dans la présentation des projets.

Seront déduits dudit compte :

*k*) les produits bruts de toute nature afférents aux tronçons de la ligne successivement mis en service et réalisés jusqu'au premier Janvier qui aura suivi la mise en service de la ligne entière;

*l*) le produit de l'aliénation, prescrite à l'article 9 ci-dessus, des propriétés immobilières désignées audit article ;

*m*) le produit des capitaux approvisionnés jusqu'au moment de leur emploi en travaux et en acquisitions ou de la constitution, à la date plus haut indiquée, du fonds de roulement.

*n*) et le montant des retenues infligées à la Compagnie, en vertu de l'article 6 ci-dessus, pour retard dans la présentation des projets.

### Art. 11.

Le compte général de Premier établissement sera dressé au 1er Janvier qui suivra l'ouverture de la ligne entière à l'exploitation. Il sera revisé à la fin de chacune des cinq années suivantes, de manière à tenir compte des dépenses — majorées comme de droit — des deux catégories (*g*, *h*), visées à l'article 10 ci-dessus, et clos définitivement à l'expiration de la cinquième année.

### Art. 12.

Après la clôture du compte général de Premier établissement, les dépenses autres que celles d'entretien et d'exploitation, faites après due autorisation, seront portées à un compte général annuel des Travaux complémentaires de premier établissement. Toutefois, en ce qui concerne ceux desdits Travaux complémentaires qui auront pour but le remplacement d'ouvrages anciens par des ouvrages nouveaux, il ne pourra être imputé audit compte que les plus-values, positives ou négatives, des installations nouvelles sur les installations qu'elles auront remplacées.

Celles de ces dépenses qui auront pour objet soit le développement des effectifs et de la puissance du matériel roulant, soit l'extension des ateliers de construction et de réparation de ce matériel ou le renforcement de leur outillage, devront être autorisées par les trois Autorités zonières conjointement, ou, si l'on se trouve dans le cas prévu au dernier paragraphe de l'article 2 du Protocole susvisé du 27 Novembre 1912, par celles des zones française et espagnole conjointement. Toutes les autres n'auront à l'être que par l'Autorité zonière de la situation des lieux.

Les dépenses réelles, dûment justifiées, seront accrues d'une majoration de six pour cent (6 °/ₒ), compensant à forfait les frais généraux, frais d'administration, frais du personnel affecté au siège social à Meknès ou résidant hors du Maroc et intérêts des capitaux exposés par la Compagnie pendant la période comprise entre le moment de l'exécution des travaux ou de l'acquisition des fournitures et celui où lesdits travaux ou fournitures seront portés en compte.

### Art. 13.

Au compte général annuel des recettes et des dépenses de l'Exploitation figureront :

D'une part :

les recettes brutes de toute nature réalisées sur la

ligne au cours de l'année considérée, qui comprendront, notamment, outre celles provenant des transports par voie ferrée, les produits éventuels des services de correspondance par voie de terre ou de mer dûment autorisés, et des services de factage et camionnage ;

les produits, jusqu'au jour de leur aliénation ou de leur restitution à l'autorité zonière, des immeubles visés à l'article 9 ;

les excédents, prévus à l'article 14 ci-après, des fonds de roulement partiels respectivement afférents aux trois zones sur leurs montants fixés à l'article 16 ci-après ;

et les intérêts du fonds de réserve de l'Exploitation duquel la constitution est stipulée à l'article 23 ci-après ;

Et, d'autre part :

les dépenses d'entretien et d'exploitation, y compris les frais du personnel résidant au Maroc — celui affecté au siège social à Moknès excepté — que la Compagnie justifiera avoir faites sur la ligne dans un but d'utilité, pendant l'année considérée, pour les réparations ordinaires et extraordinaires, l'exploitation et l'administration du chemin de fer et de ses dépendances, à l'exclusion des dépenses à porter aux comptes de Premier établissement ou des Travaux complémentaires, lesdites dépenses comprenant, notamment ;

les frais d'entretien et de réparation, jusqu'au jour de leur aliénation ou de leur restitution à l'Autorité zonière, des propriétés immobilières visées à l'article 9 ci-dessus ;

les charges éventuelles des services de correspondance par voie de terre ou de mer dûment autorisés et des services de factage et camionnage ;

les impôts de toute nature autres que ceux à recouvrer sur des tiers : patentes, frais de contrôle, assurances, indemnités pour pertes, avaries, retards, incendies, accidents, allocations de la Compagnie pour les caisses de retraite, de secours ou de prévoyance de son personnel;

et les frais généraux, frais d'administration et frais du personnel affecté au siège social à Meknès ou résidant hors du Maroc, déduction faite de la partie de ces frais déjà portée aux comptes de Premier établissement et de Travaux complémentaires par l'effet de l'application des majorations forfaitaires de 15 °/₀ et 6 °/₀ stipulées aux articles 10 et 12 ci-dessus.

### Art. 14.

Chaque année, à compter du 1er Janvier qui aura suivi l'ouverture de la ligne entière à l'exploitation :

il sera prélevé sur le fonds de roulement de trois millions constitué en vertu de l'article 10 ci-dessus :

les avances nécessaires pour payer, en cas d'insuffisance des ressources disponibles par ailleurs, les dépenses d'exploitation, ainsi que les coupons et, s'il y a lieu, l'amortissement des actions et obligations;

et les intérêts de retard versés par la Compagnie aux Autorités zonières, en conformité des dispositions de l'article 23 ci-dessous.

En revanche, il sera attribué à ce même fonds :

les sommes remboursées, au fur et à mesure des disponibilités, en compensation des avances par lui faites pour paiement des dépenses d'exploitation, ainsi que des coupons et, s'il y a lieu, de l'amortissement des actions et obligations;

les produits des placements des sommes disponibles, tant sur les recettes de l'exploitation que sur le fonds de roulement lui-même;

et, enfin, les intérêts de retard payés par les Autorités zonières à la Compagnie, en conformité des dispositions de l'article 22 ci-dessous.

Si, par l'effet de ces divers versements, le fonds de roulement partiel de telle ou telle des trois zones se trouvait, en fin d'exercice dépasser le chiffre fixé à l'article 16 ci-après, l'excédent serait porté en recette au compte d'Exploitation de la zone intéressée.

Si, au contraire, lesdits versements ne suffisaient pas à reporter, en fin d'exercice, le fonds de roulement partiel de telle ou telle des trois zones au chiffre fixé audit article 16, la Compagnie serait tenue d'y pourvoir, faute de quoi faire elle subirait, sur l'annuité qui, pour ledit exercice, lui serait due par l'Autorité zonière intéressée aux termes de l'article 22 ci-après, une retenue égale au vingtième (5 °/₀) du déficit que présenterait, par rapport à son montant originel ledit fonds de roulement partiel.

Toutefois, de ce déficit serait déduite, avant le calcul de ladite retenue, la différence entre, d'une part, le montant de l'annuité due pour l'exercice, et, d'autre part, la somme des acomptes déjà payés par l'Autorité zonière en Janvier et Juillet, par application du dernier paragraphe de l'article 22 déjà visé.

Enfin, la Compagnie serait tenue, au cas où viendrait a être effectué le rachat ou prononcée la déchéance de sa concession, de reporter le susdit fonds de roulement partiel à son chiffre originel.

### Art. 15.

Chacune des trois sections française, espagnole et tangéroise de la ligne donnera lieu à des comptes annuels distincts en ce qui concerne, d'une part le Premier établissement, d'autre part les Travaux complémentaires et, enfin, l'Exploitation.

Ces comptes annuels résulteront, respectivement, de la ventilation, effectuée comme il va être dit entre les trois susdites sections, du compte général de Premier établissement, du compte général des Travaux complémentaires et du compte général des dépenses et des recettes de l'Exploitation, définis aux articles 10, 12 et 13 ci-dessus.

Pour chacune des susdites sections :

les comptes annuels de Premier établissement et des Travaux complémentaires comprendront :

intégralement, les dépenses — majorées comme de droit — et recettes localisées afférentes à la section, celles relatives aux gares maritime et terrestre de Tanger exceptées ;

et pour une part proportionnelle au parcours kilométrique des trains dans la section, les dépenses — toutes majorées comme de droit — relatives au matériel roulant, aux ateliers de construction et de réparation de ce matériel et à leur outillage, les autres dépenses non localisées et celles localisées relatives auxdites gares de Tanger, ainsi que le produit des capitaux approvisionnés en vue de l'établissement et de la mise en service de la ligne jusqu'au moment de leur emploi en travaux ou en acquisitions.

Le compte annuel des recettes et des dépenses de l'Exploitation comprendra, savoir :

En recette :

pour leur part afférente aux parcours effectués dans la section considérée, les taxes de transport perçues sur l'une quelconque des trois sections française, espagnole, ou tangéroise de la ligne ;

pour une part proportionnelle au parcours kilométrique des trains dans la section, les produits éventuels de l'ensemble des services de correspondance par voie de terre ou de mer et des services de factage et camionnage de la ligne entière;

et intégralement toutes les autres recettes de l'exploitation effectuées sur la section considérée.

Et en dépense :

une part proportionnelle à la recette afférente à ladite section de l'ensemble des dépenses d'exploitation effectuées sur la ligne entière, lesdites dépenses majorées comme il est dit à l'article 13 ci-dessus.

La vérification des susdits comptes sera opérée, pour chaque section, par les services chargés du contrôle de la construction et de l'exploitation en vertu des articles 17 et 19 ci-après; l'homologation n'en, sera, toutefois, prononcée qu'après qu'ils auront été communiqués aux services des autres sections, lesquelles auront un délai d'un mois pour présenter, à leur sujet, telles observations qu'ils jugeraient utiles.

### Art. 16.

Le fonds de roulement de trois millions visé aux articles 10 et 14 ci-dessus sera réparti entre les trois sections de la ligne à raison de, savoir :

pour la section française, un million neuf cent cinquante mille francs (1.950.000 frs);

pour la section espagnole, neuf cent mille francs (900.000 frs);

pour la section tangéroise, cent cinquante mille francs (150.000 frs).

Seront portées à chacun de ces fonds de roulement partiels celles des recettes et dépenses afférentes — en vertu de l'article 14 ci-dessus — au fonds de roulement total de trois millions qui concerneront la zone intéressée.

ART. 17.

Le contrôle de la construction sera exercé, la réception des ouvrages prononcée et leur mise en service autorisée :

sur les sections française et espagnole, respectivement par les ingénieurs de l'État français et de l'État espagnol;

sur la section tangéroise, par le service de la Taxe spéciale, et, au cas où ce dernier viendrait à disparaître, par celui auquel seraient tranférées ses attributions actuelles.

ART. 18.

La Compagnie sera tenue d'ouvrir la ligne à l'exploitation par tronçons compris entre deux stations principales et se succédant sans discontinuité à partir de Tanger, d'Alcazarquivir, ou du point où la ligne traversera le Sebou.

ART. 19.

L'exploitation sera assurée sur la ligne entière en observant les règles établies par l'article 6, paragraphe 3, du Traité franco-allemand du 4 Novembre 1911.

La police en sera faite, en conformité des lois et règlements de chaque zone, par les autorités zonières française et espagnole sur leurs sections respectives, et par l'autorité qualifiée à cet effet sur la section tangéroise.

Le contrôle en sera assuré, sur chaque section, par le même service que celui de la construction, étant entendu que le contrôle tangérois devra, notamment aux gares maritime et terrestre de Tanger, prescrire telles mesures qui seront reconnues utiles à la bonne exploitation de la ligne prise dans son ensemble et veiller à leur exécution.

ART. 20.

Des affiches en français, espagnol et arabe, placées dans les stations, feront connaître au public les heures de départ des trains ordinaires de toute sorte, les stations qu'ils devront desservir, les heures auxquelles ils devront arriver à chacune des stations et en partir.

Quinze jours au moins avant d'être mis en exécution, ces Ordres de service seront communiqués en même temps aux trois Autorités zonières — ou, si l'on se trouve dans le cas prévu au dernier paragraphe de l'article 2 du Protocole susvisé du 27 Novembre 1912, aux seules Autorités zonières française et espagnole — qui pourront, agissant de concert, prescrire les modifications nécessaires pour la sûreté de la circulation ou pour les besoins du public.

ART. 21.

L'Autorité zonière française, l'Autorité zonière espagnole et l'Autorité tangéroise qualifiée à cet effet — ou, si l'on se trouve dans le cas prévu au dernier paragraphe de l'article 2 du Protocole susvisé du 27 Novembre 1912 les Autorités zonières française et espagnole, agissant conjointement au lieu et place de cette dernière — homologueront respectivement, sur la proposition de la Compagnie, les tarifs autres que ceux figurant au Cahier des charges annexé à la présente Convention qui intéresseront exclusivement la section française, la section espagnole ou la section tangéroise; les tarifs intéressant à la fois deux des sections de la ligne ou les trois sections de celle-ci devront être homologués par chacune des Autorités zonières intéressées, l'Autorité tangéroise étant, dans le cas ci-dessus envisagé, remplacée par les deux autres agissant conjointement.

### Art. 22.

Les Gouvernements français et espagnol et l'Autorité tangéroise qualifiée à cet effet s'engagent à servir annuellement à la Compagnie — chacun pour la part qui va être dite —, à partir du 1er Janvier qui aura suivi l'ouverture de la ligne entière à l'exploitation et jusqu'à l'expiration de sa concession, savoir :

1° L'intérêt à cinq pour cent (5 °/₀) et l'amortissement correspondant à ce taux et à la durée restant à courir de la concession, plus les frais de timbre et les frais de service des titres, de la partie de son capital-actions qui aura été employée en travaux de Premier établissement et en Travaux complémentaires;

Étant entendu que la somme totale à verser annuellement, de ce chef, à la Compagnie, sera fournie, savoir :

tant que les Gouvernements français et espagnol n'auront pas usé de la faculté, que leur a réservée l'article 4, paragraphe 2, du Protocole susvisé du 27 Novembre 1912, de faire aux capitaux étrangers, dans la formation du capital-actions, une part d'au plus huit pour cent (8 °/₀) prélevée par moitié sur chacune de celles de soixante pour cent (60 °/₀) et quarante pour cent (40 °/₀) stipulées au paragraphe 1er dudit article, par chacun de ces deux Gouvernements pour le nombre de centièmes dudit capital-actions qu'aura souscrit et réalisé la Société de sa nationalité visée dans le préambule de la présente Convention ;

et, au cas où lesdits Gouvernements auraient usé de cette faculté, par chacun d'eux pour le nombre de centièmes dudit capital-actions qui lui serait resté, et par l'autorité tangéroise qualifiée à cet effet pour le nombre de centièmes qui en aurait été attribué aux capitaux étrangers ;

et 2° les charges effectives (intérêts, amortissement, frais de timbre et frais de service des titres) des obligations successivement émises par elle pour parfaire, après emploi de la partie du capital-actions dépensée en travaux de Premier établissement et Travaux complémentaires, le montant cumulé des trois comptes annuels de Premier établissement définis à l'article 15 ci-dessus et à couvrir, après la clôture desdits comptes, le montant cumulé des trois comptes annuels de Travaux complémentaires définis au même article 15 ;

Étant d'ailleurs entendu :

que chaque obligation sera portée en compte pour son produit net réellement encaissé par la Compagnie, déduction faite des intérêts courus au jour de l'émission et des frais de cette émission ;

et que, de la somme totale à servir annuellement, de ce deuxième chef, à la Compagnie, le Gouvernement français, le Gouvernement espagnol et l'Autorité tangéroise qualifiée à cet effet fourniront chacun la part correspondante aux obligations émises pour parfaire, après emploi de la partie du capital-actions par lui gagée comme il vient d'être dit sous le n° 1° ci-dessus, le montant cumulé des comptes annuels de Premier établissement et de Travaux complémentaires afférents à sa section de la ligne de Tanger à Fez.

La Compagnie remettra à chacune des trois Autorités zonières, au cours du premier trimestre de chaque année, le décompte détaillé des sommes à elle dues par cette Autorité pour l'année précédente, en vertu du présent article. Lesdites sommes seront, après due vérification, versées à la Compagnie — sous déduction des deux acomptes qui lui auront été versés, pour la susdite année, en exécution du paragraphe final du présent article — dans le délai de trois mois, à compter de la présentation dudit décompte, faute de quoi elles porteront, après l'expiration dudit délai, intérêt a son profit, au taux de cinq pour cent (5 °/₀) l'an.

Indépendamment du décompte annuel visé au paragraphe précédent du présent article, la Compagnie remettra à chacune des trois Autorités zonières, dans la première quinzaine du mois de Juillet de l'année considérée et du mois de Janvier suivant, des décomptes provisoires des sommes à elle dues par cette Autorité pour le semestre précédent, en vertu du présent article. Les neuf dixièmes (90 °/₀) du montant du premier de ces décomptes et les huit dixièmes (80 °/₀) du montant du second seront versés à la Compagnie, à titre d'acomptes, dans le mois qui suivra la remise de chacun d'eux à l'Autorité zonière intéressée. Au cas où ces paiements ne seraient pas effectués dans le délai d'un mois, les sommes dues porteraient, à compter de l'expiration de ce délai, intérêt, à raison de cinq pour cent (5 °/₀) l'an, au profit de la Compagnie.

Il sera tenu, pour chacune des sections française, espagnole et tangéroise, un compte récapitulatif des paiements faits par l'Autorité zonière à la Compagnie, en application des deux paragraphes ci-dessus.

### Art. 23.

Sauf les deux exceptions temporaires prévues à l'article 10 ci-dessus, savoir :

*a*) versement au compte de Premier établissement des recettes des divers tronçons de la ligne successivement mis en service jusqu'au premier Janvier qui suivra l'ouverture à l'exploitation de la ligne entière,

*b*) et imputation sur le même compte des dépenses et charges de l'exploitation de ces mêmes tronçons jusqu'au même premier Janvier, et, en outre, des trois cinquièmes de la dépense d'entretien de la voie et des terrassements pendant l'année qui suivra cette date pour les tronçons de la ligne qui n'auront été mis en service que dans le cours de l'année précédente,

toutes les dépenses et charges de l'exploitation seront supportées par la Compagnie, qui en percevra toutes les recettes.

Chaque fois que, pour telle ou telle des trois sections française, espagnole ou tangéroise de la ligne, le compte annuel des recettes et des dépenses de l'Exploitation se solderait par un déficit, l'insuffisance serait portée à un compte d'attente spécial à cette section, pour y être ultérieurement, avant tout autre emploi des excédents éventuels des recettes sur les dépenses de l'exploitation de ladite section, compensée, accrue des intérêts simples à quatre pour cent (4 °/₀) l'an, au moyen desdits excédents.

Chaque année et pour chaque section, la partie du produit net que n'absorberait pas la compensation dont il vient d'être parlé serait, dans l'ordre de succession ci-après, appliquée aux objets suivants :

1° reporter, le cas échéant, au chiffre stipulé à l'article 16 ci-dessus le fonds de roulement partiel afférent à la section ;

2° constituer, par un prélèvement de cinq cents francs (500 frs) au plus par kilomètre, la part afférente à la section d'un fonds de réserve de l'exploitation limité, pour l'ensemble de la ligne, à un maximum de trois millions de francs (3.000.000 frs), les maxima partiels étant fixés, savoir :

pour la section française, à un million neuf cent cinquante mille francs (1.950.000 frs);

pour la section espagnole, à neuf cent mille francs (900.000 frs);

pour la section tangéroise, à cent cinquante mille francs (150.000 frs);

étant entendu que sur ledit fonds de réserve seront imputés, sur chaque zone, après approbation de l'Autorité zonière intéressée, les frais de réfection ou grosses réparations de la voie et des ouvrages, les indemnités à payer à la suite d'accidents graves, et, généralement, toutes dépenses d'exploitation auxquelles aurait été reconnu un caractère exceptionnel;

3° attribuer, jusqu'à concurrence du montant total de la somme due pour l'année considérée, en vertu de l'article 22 ci-dessus, pour intérêts et amortissement, par l'Autorité zonière à la Compagnie, quatre-vingt cinq pour cent (85 °/₀) de l'excédent libre du produit net annuel à cette Autorité, les quinze pour cent (15 °/₀) restants étant laissés à la Compagnie, à titre de prime d'encouragement au développement du trafic;

4° au cas où serait ainsi couverte la somme due, pour l'année considérée, par l'Autorité zonière à la Compagnie en vertu de l'article 22 ci-dessus, attribuer quatre-vingts pour cent (80 °/₀) de l'excédent libre du produit net annuel à l'Autorité zonière et vingt pour cent (20 °/₀) à la Compagnie, les 80 °/₀ attribués à l'Autorité zonière venant en déduction du montant total du compte récapitulatif visé audit article 22 ;

et 5° après l'extinction dudit compte récapitulatif, répartir entre l'Autorité zonière et la Compagnie, à titre de partage de bénéfices, à raison de soixante-sept pour cent (67 °/₀) pour la première et trente-trois pour cent (33 °/₀) pour la seconde, l'excédent du produit net annuel sur le montant cumulé des divers prélèvements stipulés ci-dessus.

La Compagnie remettra à chacune des trois Autorités zonières, au cours du premier trimestre de chaque année, le décompte détaillé des sommes dues à ladite Autorité pour l'année précédente, en vertu du présent article. Lesdites sommes seront, après due vérification, versées par la Compagnie à cette Autorité dans le délai de trois mois à compter de la présentation dudit décompte, faute de quoi elles porteront, après l'expiration dudit délai, intérêt, au profit de l'Autorité zonière au taux de cinq pour cent (5 °/₀) l'an.

### Art. 24.

Tant que l'on se trouvera dans le cas prévu au dernier paragraphe de l'article 2 du Protocole susvisé du 27 Novembre 1912, les Gouvernements français et espagnol se substitueront — dans la proportion des nombres de centièmes du capital-actions souscrits et réalisés respectivement par la Société française et la Société espagnole visées dans le préambule de la présente Convention — aux droits et obligations qui, autrement, découleraient, pour l'Autorité tangéroise qualifiée à cet effet, des articles 22 et 23 ci-dessus.

Il en serait de même dans chaque cas où ladite Autorité tangéroise, une fois constituée, viendrait à ne pas remplir intégralement les obligations que lui impose l'article 22 ci-dessus.

ART. 25.

Les actions et obligations seront réalisées, le service des titres, dividendes, intérêts, etc., effectués et tous décomptes établis en francs, pesetas-or ou cinquièmes de réal hassani-or.

Les tarifs seront édictés en francs, pesetas-or ou cinquièmes de réal hassani-or, mais la Compagnie sera tenue d'accepter des usagers du chemin de fer le paiement en monnaie ayant cours dans le pays, aux prix qui seront fixés au début de chaque quinzaine et affichés dans les gares. Ces prix seront établis d'après les cours des monnaies à la Banque d'État du Maroc à Tanger. Les pertes ou gains éventuels au change seront portés, suivant le cas, au débit ou au crédit du compte d'Exploitation.

ART. 26.

Au cas où la Compagnie concessionnaire, soit pendant la période de construction, soit après l'ouverture à l'exploitation, ne satisferait pas à l'une des obligatious essentielles de son contrat, elle serait mise en demeure de prendre dans un délai déterminé, lequel ne pourra être inférieur à un mois ni supérieur à trois, telles mesures que de droit. A défaut par elle de déférer à cette mise en demeure, elle serait déclarée déchue.

La mise en demeure pourra être notifiée et la déchéance prononcée par chacun des Gouvernements français et espagnol pour la section de ligne située sur son territoire, sous réserve d'en donner avis à l'autre.

Si la déchéance était prononcée à la fois pour la section française et pour la section espagnole, elle le serait *ipso facto* et de plein droit pour la section tangéroise

Les conséquences qu'aurait, dans chaque cas, la déchéance pour la Compagnie sont fixées par le Cahier des charges annexé à la présente Convention.

### Art. 27.

Chacun des deux Gouvernements français et espagnol se réserve le droit de procéder, le 1er Janvier de l'une quelconque des années qui suivront la mise en exploitation de la ligne entière, au rachat de la section de ladite ligne située sur son territoire, le prix du rachat étant calculé sur les bases fixées par le Cahier des charges annexé à la présente Convention.

Il devra, dans ce cas, prévenir trois mois à l'avance de ses intentions tant l'autre Gouvernement que l'Autorité tangéroise, de façon que puissent être arrêtées de concert les mesures intéressant à la fois les exploitations, ainsi devenues distinctes, des sections rachetées et non rachetées de la ligne.

Celui des deux Gouvernements qui aura usé de son droit de rachat devra exploiter lui-même en régie la section rachetée ou n'en rétrocéder la concession qu'à une Société de sa nationalité.

Au cas où, par suite de rachat ou de déchéance, soit de la section française, soit de la section espagnole, soit de ces deux sections à la fois, lesdites sections se trouveraient régies par des Administrations différentes, l'exploitant français conserverait le droit de faire circuler ses trains sur la section espagnole, à la double condition :

1° de n'y prendre et n'y laisser aucun trafic ;

2° de payer à l'exploitant espagnol un péage fixé aux deux tiers des tarifs perçus sur sa section.

Au cas où, par suite des mêmes circonstances que ci-dessus, la section tangéroise viendrait à être exploitée par une Administration autre que celle soit de la section française, soit de la section espagnole, soit de ces deux sections à la fois, les trains français dans le premier cas, les trains espagnols dans le second, les uns et les autres dans le dernier, auraient le droit de circuler dans la zone tangéroise, en y prenant et y laissant du trafic, et en utilisant notamment les gares maritime et terrestre et les voies de quai de Tanger, à la double condition de payer à l'exploitant de ladite zone :

1° un péage fixé aux deux tiers des tarifs qui y seront perçus ;

2° une part des dépenses d'exploitation afférentes aux gares maritime et terrestre et voies de quai de Tanger, calculée, pour chaque année, d'après la proportion qu'aura représentée le parcours kilométrique de ses trains par rapport à celui de la totalité des trains ayant circulé dans la zone.

Enfin, les trains français et espagnols conserveront, à l'expiration de la concession, le droit d'utiliser, dans les conditions susdéfinies, les gares maritime et terrestre et les voies de quai de Tanger.

### Art. 28.

La présente Convention et le Cahier des charges y annexé seront exemptés en Espagne de l'impôt des droits royaux et de transmission de biens ; ils seront enregistrés en France moyennant le droit fixe d'un franc (1 fr.).

Il en sera de même de l'acte de substitution de la

Compagnie franco-espagnole du chemin de fer de Tanger à Fez aux Sociétés visées à l'article 1er ci-dessus.

Fait à Paris, en six expéditions, le 1914.

2441. - PARIS. — IMP. HEMMERLÉ ET Cie (12-13)

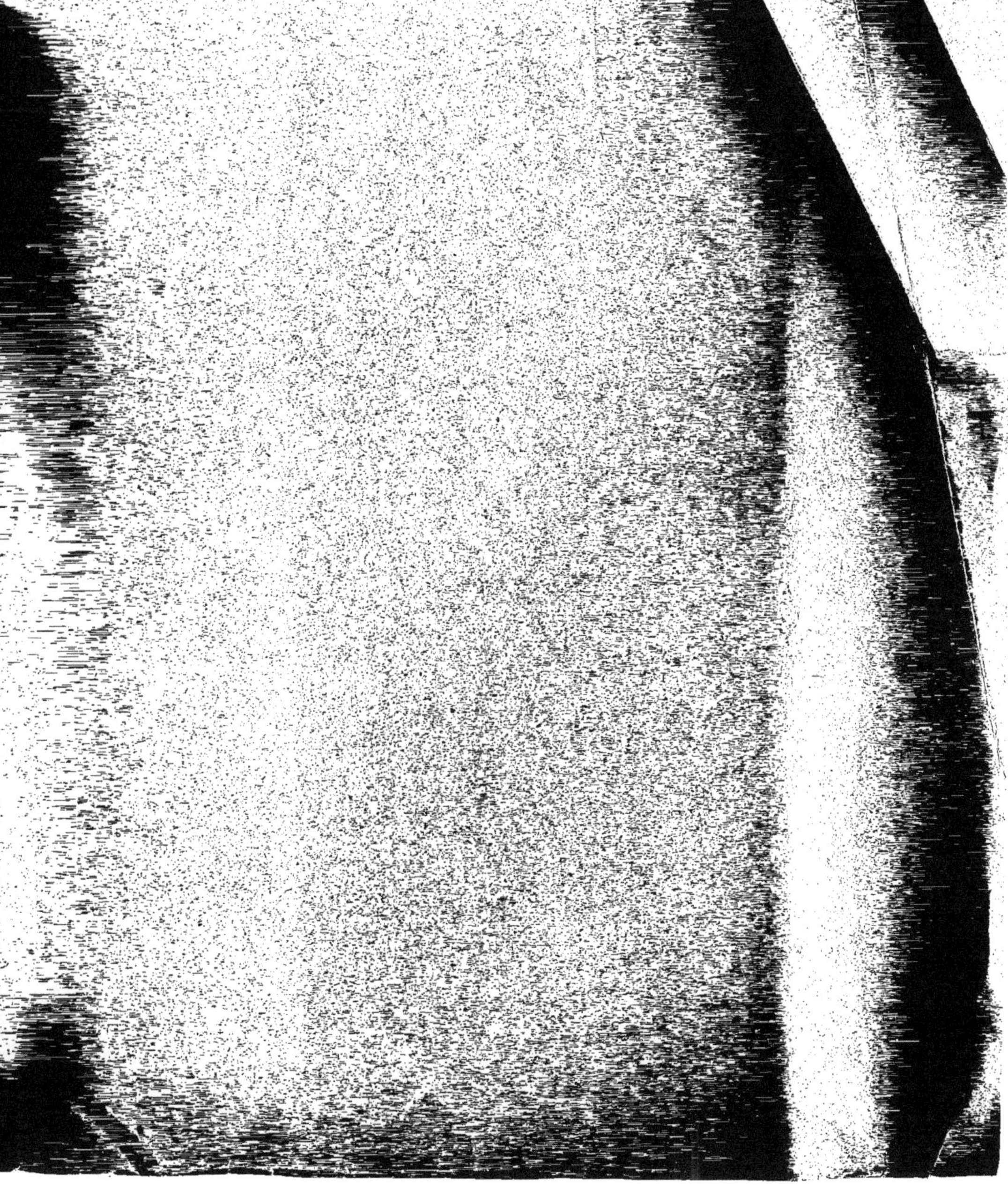

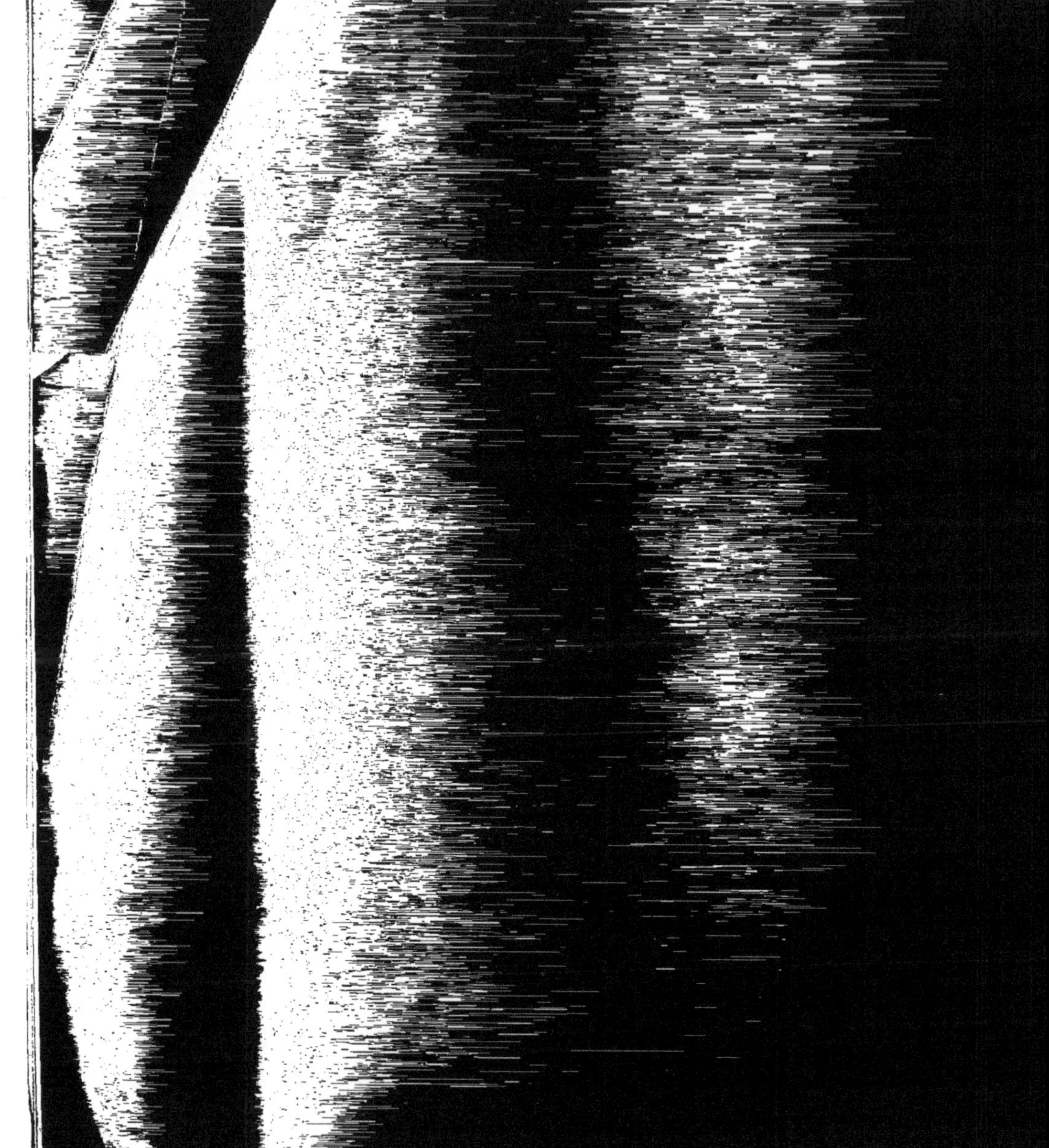

www.ingramcontent.com/pod-product-compliance
Ingram Content Group UK Ltd.
Pitfield, Milton Keynes, MK11 3LW, UK
UKHW020416220726
13923UKWH00004B/1987